COUVERTURE INFERIEURE D'IMPRIMEUR

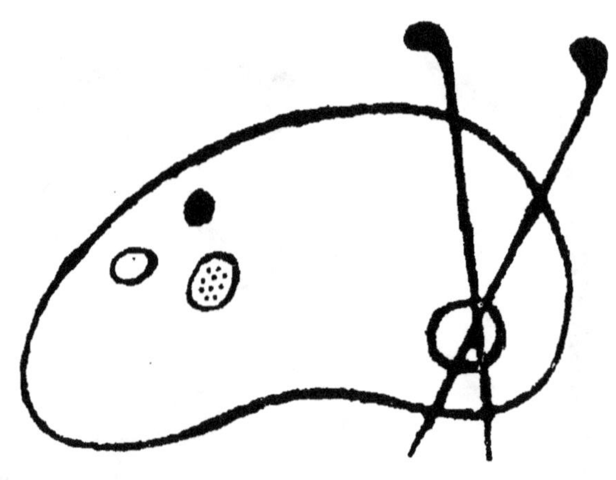

Début d'une série de documents
en couleur

COUVERTURE SUPERIEURE D'IMPRIMEUR

à Monsieur Delisle

hommage de dévouement

et de respect.

Berger

13 avril 1883.

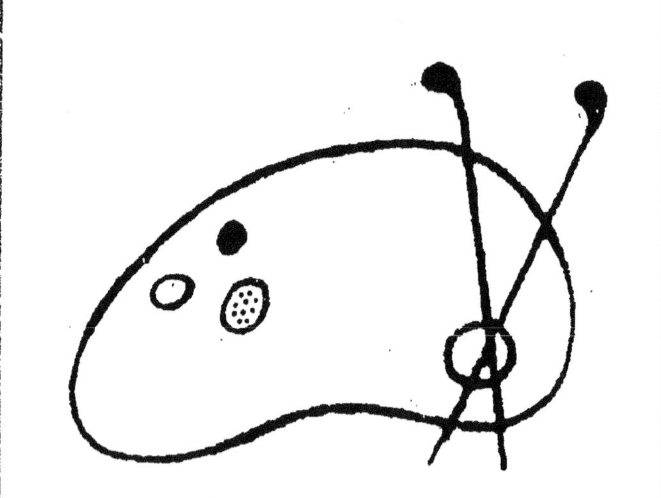

Fin d'une série de documents
en couleur

DES ESSAIS QUI ONT ÉTÉ FAITS A PARIS AU TREIZIÈME SIÈCLE

POUR CORRIGER LE TEXTE DE LA VULGATE

Les lecteurs de la *Revue de Théologie et de Philosophie* me pardonneront peut-être de leur présenter un travail de pure érudition. Quelque ingrates que puissent paraître des études aussi minutieuses que celle-ci, celui qui s'y est appliqué y trouve un véritable trésor de renseignements curieux, de détails inattendus qui le récompensent amplement de sa peine. L'histoire a de grands sujets et d'autres plus modestes ; ces derniers ne sont accessibles qu'aux hommes patients et désintéressés qui aiment l'étude pour elle-même plus que pour ses résultats. Mais les résultats eux-mêmes, les aperçus élevés et les conclusions générales ne se font trouver que de ceux qui ne les cherchent point. Etudier l'histoire de la Bible dans ses parties les plus ignorées, rechercher les traces de la critique dans des siècles où la critique était rare, c'est se réserver des satisfactions qui n'appartiennent pas aux savants ambitieux. Mais à vrai dire l'histoire de l'Ecriture sainte n'a pas un chapitre qui soit sans intérêt. Elle tient de trop près à l'histoire de la religion pour ne pas attirer le théologien et le retenir.

L'histoire de la Vulgate, en particulier, a bien des points communs avec l'histoire de l'Eglise. Ce livre est en effet la seule forme à peu près sous laquelle la Bible ait été connue en Occident pendant plus de onze siècles ; c'est pourquoi tous ses mots ont pour nous de l'intérêt et il ne peut pas nous être indifférent de savoir quelle Vulgate, c'est-à-dire quelle Bible

on lisait dans les différents pays et aux diverses époques. Car
il y a eu, au moyen âge, une variété infinie dans les exemplaires de la Bible latine, et l'on est parfois tenté de reprendre
le mot de saint Jérôme et de redire après lui, comme faisait
au douzième siècle le cardinal-diacre Nicolas : « Autant de
manuscrits, autant de textes, *tot exemplaria quot codices.* »

A l'heure qu'il est, le classement des Bibles latines est encore à peu près à faire, et l'histoire de la Vulgate ne pourra
être écrite définitivement que lorsque cette enquête sur les
manuscrits aura été assez avancée pour donner de la lumière
sur le sujet. Les premières et les dernières pages de cette
histoire sont suffisamment connues ; les anciens manuscrits qui
nous ont conservé le plus purement le texte de la Vulgate ont
été publiés et consciencieusement étudiés ; la langue de saint
Jérôme, les rapports de sa traduction avec les anciens textes
latins, ont fourni matière à d'excellents travaux ; d'autre part,
les tentatives faites à Rome pour fixer le texte biblique et les
vicissitudes de l'édition publiée par ordre du concile de Trente
sont parfaitement connues. Mais toute la partie relative au
moyen âge est demeurée obscure et incertaine. On parle de la
révision d'Alcuin, des *corrections* faites au treizième siècle,
mais à part la description tout extérieure de quelques beaux
manuscrits et quelques citations de seconde main, on ne
trouve presque rien, dans les livres, sur cinq siècles de l'histoire de la Bible latine[1]. Il faut aujourd'hui que chaque historien se fasse à lui-même son histoire de la Vulgate, et ce
travail est long ; il est vrai qu'il est profitable. Mais on n'arri-
vera à des résultats assurés que lorsqu'on aura fait un catalogue vraiment scientifique de quelques centaines de manuscrits
et qu'on pourra les réunir à coup sûr en groupes et en familles.
L'illustre Bentley avait entrepris les travaux préparatoires d'un
semblable inventaire et il les avait fort avancés. Il existe à Cambridge, dans la bibliothèque de *Trinity College*, trois volumes

---

[1] Seul parmi les contemporains M. Delisle a fait avancer cette histoire
par ses beaux travaux sur les Bibles de Théodulfe (*Bibliothèque de
l'Ecole des chartes*, XL. 1879, I) et par les précieuses indications qui sont
éparses dans les trois volumes du *Cabinet des manuscrits*.

ur lesquels le grand critique avait marqué la collation de
lus de soixante manuscrits latins, conservés en Angleterre et
n France ; parmi ces derniers, il n'avait eu garde de négliger
es plus beaux textes alcuiniens des bibliothèques de Paris.
e n'ai pas eu le privilège de voir à Cambridge les précieux
olumes de Bentley, mais nous en avons une description et
es extraits dans le bel article que le savant M. Westcott, l'un
es réviseurs du texte grec d'Oxford, a consacré, dans le
ictionary of the Bible de W. Smith, à la Vulgate. Il paraît
ue l'œuvre de Bentley est inégale, qu'on ne peut reconnaître
 principe qui le guidait dans le choix de ses variantes. Mais
importance de son œuvre inachevée est si grande, qu'on ne
omprendrait pas bien aujourd'hui qu'un travail nouveau sur
ette matière ne fût pas inauguré par un voyage à Cambridge.
a plus grande difficulté du sujet est certainement le choix des
ille ou deux mille passages qui devraient servir de type à
utes les collations ; puis il faudrait choisir les manuscrits
odèles dont on devrait faire avant tout la collation plus ou
oins complète. Un examen plus rapide permettrait de classer,
u moins provisoirement, les autres. Le travail, en un mot,
rait long à mettre en œuvre, rapide à continuer. Mais il
udrait que les passages types qu'on aurait désignés pus-
nt convenir à caractériser, les uns les manuscrits de bonne
oque, d'autres les textes du moyen âge, les derniers, les
ibles imprimées du quinzième siècle. Le choix de ces passa-
es serait certainement plus que facilité par l'œuvre de Bent-
y, mais il exigerait encore beaucoup d'érudition et surtout de
itique.
En attendant que cette recherche soit faite scientifiquement
 avec une méthode constante et rigoureuse, un procédé plus
mple se recommande aux hommes d'étude qui n'ont à
asser que les textes d'une époque déterminée et qui ne font
ur travail de collation que pour eux-mêmes ; c'est de
endre, un peu au hasard, les variantes d'une édition impri-
ée et de les collationner toutes dans les principaux manus-
its. Il est vrai que le hasard dont je parle est un hasard
telligent. Il existe, à ma connaissance, une seule Bible à

variantes qui puisse convenir pour un semblable travail.
Elle m'a été désignée par un maître en critique, M. Reuss :
c'est l'édition, en trois volumes petit in-octavo, qui a été
publiée en 1822 à Tubingue par le théologien catholique
Leander van Ess. Cette Vulgate contient, au-dessous du texte
officiel imprimé par ordre de Clément VIII, toutes les variantes de l'édition de Sixte-Quint ; et comme ces deux textes,
dont l'un a supplanté l'autre, ont été compilés d'après des
principes tout différents, il se trouve que les passages dans
lesquels ils sont en désaccord sont justement au nombre des
plus importants. Un travail provisoire pourrait donc partir de
l'édition de L. van Ess. Je n'ai pas besoin de dire qu'aux passages fournis par les variantes du texte imprimé, il faudrait en
ajouter, comme en tâtonnant, un certain nombre d'autres que
fournirait la lecture intégrale, dans quelques bons manuscrits,
de plusieurs livres de la Bible, tels que la Genèse, le premier
livre de Samuel, les Psaumes et l'évangile de saint Matthieu.

C'est ainsi que j'ai essayé de procéder dans ma recherche
relative aux Vulgates du treizième siècle. Voici quelle a été
pour moi l'occasion de ce travail. Ayant sous les yeux un certain nombre de traductions françaises du treizième et du quatorzième siècle, j'ai dû me demander avant tout sur quel texte
latin elles avaient été faites. A cet effet, je leur ai appliqué, sur
le conseil de M. Reuss, la méthode qui a été indiquée ci-dessus,
et j'ai tâché de reconstituer, à l'aide de quelques crayons ou
encres de couleur, sur les marges ou entre les lignes d'un
exemplaire de l'édition de L. van Ess, le texte latin qui avait
servi de base à chaque traduction.

Mais ici les difficultés commencent. Quels manuscrits latins
faut-il comparer avec les traductions du treizième siècle et du
siècle suivant ? Les histoires de la Vulgate indiquent bien que
le treizième siècle a été, à Paris et en général en France, marqué par de grands travaux de correction dont la Vulgate a été
l'objet. Mais les livres dans lesquels ces *corrections* sont résu-
mées, et qu'on appelle *correctoires*, sont peu connus. Les
auteurs ne les citent d'ordinaire que de seconde main. Les
seuls critiques qui en aient fait une étude comparative et véri-

tablement approfondie sont, parmi les anciens, Richard Simon[1]
et, dans les modernes, le P. Vercellone. Le savant barnabite
a fait le plus grand usage des correctoires du treizième siècle
pour sa grande publication des *Variae lectiones vulgatae
editionis* et il leur a consacré, en 1857, une intéressante dissertation qui a été traduite en français la même année dans les
Analecta juris pontificii et reproduite en 1864 dans ses *Disser-
tazioni academiche.*

En dehors des recherches de ces deux auteurs, nous ne
possédons presque rien sur l'histoire de la Vulgate au treizième
siècle[2].

Nous désirons aller quelque peu plus loin que les auteurs
qui nous ont précédé. Une étude comme celle-ci ne peut être
faite qu'à Paris, car c'est dans cette ville que se sont produits
les grands travaux de critique du treizième siècle, et ce n'est
qu'ici qu'on en conserve les documents. C'est pourquoi il nous
est permis de répéter, en le précisant, le vœu que nous avons
formé tout à l'heure, et de redire qu'aucun travail définitif ne
pourra être fourni sur l'histoire de la Vulgate tant que nous
ne posséderons pas au moins le catalogue des Bibles latines
qui se trouvent dans les bibliothèques de Paris. L'examen
comparatif de quelques Bibles parisiennes du treizième siècle
et d'un certain nombre de correctoires nous permettra, nous
le croyons, de parler un peu plus sûrement de la manière dont
les théologiens de Paris ont entrepris et mené à fin l'œuvre de
corriger la Vulgate.

On ne dira jamais tout ce que notre ville de Paris a vu naî-
tre, à l'époque de saint Louis, dans l'université et dans les
ordres mendiants, de grandes œuvres théologiques. L'étude de

---

[1] *Histoire critique des versions du Nouveau Testament*, pag. 114 ; *Nouvelles observations sur le texte et les versions du Nouveau Testament*, pag. 128.

[2] Humphrey Hody a publié les textes importants de Roger Bacon,
dans son livre *de Bibliorum sacrorum textibus originalibus, versionibus
graeca et latina vulgata* (Oxford, 1705, in-folio); un anonyme avait fort
bien décrit, en 1778, les manuscrits de Nuremberg, dans le premier volume du *Literarisches Musaeum.* En général, ce qu'on sait sur le sujet
est réuni dans l'ouvrage bien insuffisant du docteur Kaulen (*Geschichte
der Vulgata*, Mayence, 1868). »

la Bible, en particulier, y a été poursuivie avec un esprit d'émulation et de suite dont nous ne nous faisons aucune idée. En cinquante ans, il s'est produit à Paris trois ou quatre éditions critiques de la Bible et les travaux préparatoires d'une autre révision, qui aurait été la meilleure. Pendant les mêmes années, au même lieu, on composait la première Concordance et on traduisait la Bible pour la première fois en français. Toutes ces œuvres et bien d'autres, produites par des écoles rivales, sont pourtant nées d'une même inspiration. Les manuscrits eux-mêmes, français ou latins, ont un tel air de famille, l'esprit qui anime ces œuvres diverses est tellement un même esprit, que toute l'histoire de la Vulgate au treizième siècle, semble être l'éloge de la centralisation introduite dans les études théologiques au siècle de saint Louis.

Je ne suivrai pas, dans ces courtes notes, l'ordre historique, mais je partirai du texte le plus connu, pour étudier ensuite les autres.

I. La Bible des jacobins.

On lit dans tous les livres que par deux fois, en 1236 et vers 1248, les dominicains ont entrepris de corriger le texte de la Vulgate et que l'exemplaire original de l'une de ces deux révisions était conservé aux Jacobins de la rue Saint-Jacques. Richard Simon a vu le précieux manuscrit et il en a donné, dans ses *Nouvelles observations*, une description excellente. Avant de rechercher le manuscrit des Jacobins et d'en aborder l'étude, nous devons donner les quelques textes qui nous instruisent au sujet des deux corrections des dominicains.

Le chapitre généralissime, tenu à Paris en 1236, ordonne « que toutes les Bibles de l'ordre soient corrigées d'après la correction que font les frères qui en sont chargés dans cette province[1]. »

« Pendant près de douze ans, nous dit Roger Bacon, les frères prêcheurs travaillèrent à corriger l'Ecriture, puis d'autres vinrent et entreprirent une correction nouvelle, qui s'é-

---

[1] Martène, *Thesaurus novus*, IV, 1676.

end à plus de la moitié de la Bible[1], et comme ils avaient
econnu qu'ils s'étaient trompés dans leur première correction,
s firent un décret interdisant qu'on la suivît désormais. » S'il
llait prendre au pied de la lettre les paroles de Roger Bacon,
n devrait en conclure que le travail définitif des dominicains,
ommencé vers 1248, n'était pas achevé en 1266 ou 1267, à
époque où le *Doctor mirabilis* dédiait son « Grand œuvre »
u pape Clément IV. Mais nous savons d'autre part que la
rande correction des dominicains, la seule qui nous soit par-
enue, était signée de Hugues de Saint-Cher, et datée de son
ardinalat, c'est-à-dire des années 1244 à 1263. Au reste, dès
année 1256, les frères prêcheurs avaient interdit, au chapitre
énéral de Paris, l'usage de la « Bible de Sens, » c'est-à-dire,
omme nous le démontrerons tout à l'heure, de la première
dition des dominicains[2].

Le manuscrit des Jacobins Saint-Jacques n'est pas difficile à
etrouver ; il est conservé au fonds latin de la Bibliothèque
ationale, sous les numéros 16 719 à 16 722. Ce sont quatre
rès grands volumes, des plus beaux qu'on puisse voir. Je
n'abstiens à regret de les décrire, et je me bornerai à dire
u'ils présentent tous les caractères des Bibles copiées et enlu-
minées dans l'université de Paris au milieu du règne de saint
Louis. Le texte est écrit d'une grosse et belle écriture, et on lit,
n marge, répondant chaque fois à deux ou à trois points mar-
ués à l'encre rouge, les variantes, précédées des mots *vel* ou
liàs écrits en rouge, et des notes critiques telles que celles-ci :
ntiqui ou *moderni habent, alii habent, alia littera, vera
littera, aliqui tamen dicunt, alii punctant sic, quidam antiqui
odices habent, plures libri glosati habent,* etc. Les *hebrei* et
es *LXX* sont souvent cités, ainsi que, dans Daniel, le *chalday-
um : hebrei et veri codices habent, est alia translacio que su-
nitur de greco.* Les plus récents des auteurs cités sont, après
Strabus et Anselme de Laon, Raoul de Flay, Pierre le Man-
geur, Papias, saint Bernard, ou du moins un auteur dont le
om s'écrit *Ber. (ad Is. 27)* ou *B*[s], et un inconnu nommé Oul-

---

[1] *Opus maius,* préface, pag. 49.
[2] Martène, IV, 1715.

dericus (Prov. 30). Le texte a été corrigé au grattoir d'après des notes qui d'abord étaient écrites sur les marges et qui ont disparu aussitôt ; souvent les mots à effacer sont simplement barrés et parfois en outre soulignés en rouge. En tête du livre des Actes, l'*argument* est barré en rouge et remplacé par le mot *vacat ;* au contraire, le prologue de l'épître aux Romains, qui ne se trouvait pas d'abord dans le manuscrit, est ajouté à la fin du volume et annoncé par ces mots : *Quere in fine voluminis ubi est in penultimo folio ;* il en est de même du prologue de l'Apocalypse. Le magnifique exemplaire que nous avons sous les yeux est, on n'en peut douter, le manuscrit original des correcteurs.

La chose est certaine et se démontre surtout par l'examen du volume IVe, auquel on n'a pas eu le temps de mettre la dernière main. On peut y voir, au f° 86, un spécimen de grattage et de correction originale à l'encre noire, et, aux ff^os 115 et 161, deux exemples de l'autographe du correcteur, à l'encre rouge ; parfois, comme aux ff^os 115 verso et 116, les corrections marginales du texte sont faites à la pointe ou au plomb. On voit souvent, à la fin des cahiers, les trois lettres *cor.* suivies d'une abréviation ; elles doivent sans doute se lire : *correctum.* En un mot, notre manuscrit est un *exemplaire d'auteur.*

Cet auteur, quel est-il ? La tradition dit : Hugues de Saint-Cher, et notre manuscrit confirme la tradition. On remarque en effet, au f° 77 verso du volume III, un monogramme composé avec soin et tracé à la pointe, et qui se lit facilement : *Hugo.* Est-ce la signature du correcteur ? Mais au-dessous on voit un dessin grossier qui représente un moine. Il serait étrange de retrouver ici, dessiné de la main de quelque moine jacobin, le portrait du cardinal Hugues de saint-Cher, l'auteur de la *correction.*

La Bible d'Hugues de Saint-Cher est bien, au sens moderne du mot, une édition critique de la version de saint Jérôme, c'est-à-dire un texte corrigé, avec notes et variantes à l'appui. Souvent, il est vrai, les corrections justifiées par les notes ne sont pas faites dans le texte, mais voici l'explication qu'on en

ut donner : Hugues de Saint-Cher n'a pas voulu faire de
andes corrections ; il ne corrige jamais le texte directement
après l'hébreu dans des passages importants ; mais il s'ap-
lique à restaurer autant que possible la Vulgate dans sa forme
plus ancienne et la meilleure, et quant aux corrections qui
i semblent trop hardies, il se borne à les proposer en marge.
a correction qu'il publie est faite, il faut le reconnaître, d'a-
rès de très bons principes. Je n'oserai m'exprimer sur la ques-
on : le correcteur connaissait-il l'hébreu, ou a-t-il emprunté
es citations à des auteurs de seconde main ? R. Simon paraît
tre de ce dernier avis, et il serait imprudent de ne pas se
anger à son autorité.

Au reste, une préface qui n'est pas dans notre manuscrit,
ais qui est certainement celle de l'ouvrage lui-même, nous
onne raison de la méthode suivie par Hugues de Saint-Cher.
'auteur y est nommé par son nom ; elle est intitulée : *Prologus
omini Hugonis tituli S. Sabinae presbiteri cardinalis, de cor-
ectione Biblie*, et l'*explicit* n'est pas moins formel : *Explicit
pus Biblie secundum dominum Hugonem cardinalem*. Cette
réface, qui se lit en tête de plusieurs manuscrits du correc-
ire, et en particulier du manuscrit 94 de l'Arsenal, se trouve
ussi sur la première page d'une Bible qui appartient à la
ibliothèque de Turin (D. V. 32) et qu'on dit avoir servi à saint
homas d'Aquin. Je ne reproduis pas cette intéressante pré-
ace, qui a été imprimée plusieurs fois [1], parce qu'elle ne fait
ue confirmer ce que nous avons conclu de l'étude du texte
ui-même. Un point rouge sur un mot, y est-il dit, désigne une
eçon recommandée par les commentateurs, les anciens ma-
uscrits et l'hébreu ou le grec ; un trait sous un mot, au con-
raire, en marque l'absence dans ces documents. Je relèverai
eulement, parmi les autorités que cite le cardinal, les volumes
écrits avant le temps de Charlemagne. »

[1] Elle commence par ces mots : *Quoniam super omnes scripturas verba
acri eloquii necesse est ut in fundamento veritatis firmiter innitantur...*

II. Correctorium parisiense.

Tel est donc, on n'en peut douter, l'exemplaire original de la correction des dominicains. « Cet incomparable manuscrit » (c'est ainsi que l'appelle R. Simon) n'a sans doute pas été souvent reproduit en entier. La *correction* de la Bible qui en était l'objet a été portée de couvent en couvent par de petits livrets qu'on appelait fort bien *correctoires.* La valeur de ces manuscrits est fort inégale. En vérité, il n'en est aucun qui ait pu servir à dresser un texte passable de la Bible. Tous, en effet, contiennent un extrait de la grande Bible des jacobins et presque tous y ajoutent une partie des notes qui étaient copiées sur les marges de cet exemplaire. Mais lors même que cet extrait des leçons et des notes de la Bible modèle est à peu près complet, comme il se voit dans la première partie du manuscrit de la Sorbonne, actuellement à la Bibliothèque nationale (*lat.* 15554), il ne pouvait pas servir à corriger un autre texte que celui qu'avaient corrigé les dominicains. C'est ainsi qu'il ne suffirait pas, pour rétablir la Vulgate de Clément VIII, d'avoir sous les yeux les variantes qui distinguent cette édition de la précédente ; il faudrait encore savoir que cette édition précédente est celle de Sixte V. En outre les correctoires étaient presque tous faits avec une grande rapidité. Les manuscrits en sont nombreux, et ils diffèrent à l'infini. L'un des textes les plus plus insuffisants est celui qui porte le nom d'Hugues de Saint-Cher et qui est précédé de la préface du cardinal. Vercellone l'a décrit d'après un manuscrit ottobonien du Vatican, Dœderlein[1] d'après l'exemplaire de Leipzig et l'anonyme de 1778 d'après celui de Nuremberg ; nous en avons à l'Arsenal (N° 94) un manuscrit, assez mauvais et peu lisible, qui date du treizième siècle. Les auteurs qui l'ont longuement étudié ont perdu leur peine, car ce n'est qu'un extrait tout à fait insuffisant d'une petite partie des leçons nouvelles et des notes de la Bible des dominicains, et aux remarques de l'édition du cardinal on a ajouté un certain nombre de notes d'une valeur

[1] *Acta erudit. Lips.*, 1690.

ort inférieure, et tirées on ne sait d'où. D'autres correctoires
sont à la fois plus brefs et plus complets ; ils ne contenaient
guère autre chose que l'indication des leçons à préférer ; tels
sont le petit manuscrit 131 de l'Arsenal, qui provient de Saint-
Victor, et le second correctoire dont la revue de 1778 contient des extraits fort étendus. Le manuscrit de Saint-Victor,
dont nous venons de parler, est du quatorzième siècle ; il commence par ces mots : *Incipiunt correctiones Biblie secundum
quod correcta est Biblia parisiensis*. Dans le plus grand nombre
de nos correctoires les passages sont cités, non seulement par
les chapitres, mais encore par les lettres de la *Concordance*
d'Hugues de Saint-Cher. Ces lettres ne sont pas marquées dans
la Bible des jacobins. Encore une fois, un seul de nos correctoires est à peu près complet et celui-là même ne pouvait pas
servir utilement, non plus que les autres, à la correction de la
Bible. Ainsi l'on comprend l'indignation de Roger Bacon en
présence du désordre sans nom que de semblables manuels
ont dû introduire dans le texte biblique, et on ne peut le
blâmer d'avoir jugé avec sévérité l'édition des dominicains,
œuvre scientifique et des plus honorables, mais dont les misé-
rables extraits, qui circulaient partout, n'ont servi qu'à aug-
menter la confusion et qu'à corrompre encore davantage le
texte de la Bible.

Les correctoires nous permettent de combler une regrettable
lacune de la Bible d'Hugues de Saint-Cher. Le livre des psaumes,
en effet, ne se trouve pas dans la grande Bible des jacobins.
Le cardinal l'avait-il également corrigé ? La chose est probable,
car plusieurs correctoires nous ont conservé la collation du
psautier des dominicains. Le premier correctoire de la Sorbonne, en particulier, donne au psautier une étendue que n'a
aucun autre livre de la Bible. Il ne peut y avoir aucun doute
quant à l'identité de l'auteur. Le commentaire, quoique beaucoup plus détaillé, est composé dans la même méthode que
celui du reste de la Bible. C'est peut-être parce que les marges
de sa Bible ne suffisaient pas à le contenir qu'Hugues de
Saint-Cher l'a fait copier en un volume à part, et ce volume
n'a pas été entre les mains de tous ceux qui ont rédigé les

correctoires, car plusieurs de ces petits livrets ne contiennent pas le psautier.

III. La Bible de l'université.

Les renseignements qu'on a jusqu'à présent sur la correction de l'université de Paris se réduisent à très peu de chose. On lit dans les auteurs que vers l'an 1226 l'université avait établi un correctoire et que l'archevêque de Sens, dans le ressort duquel était Paris, l'avait approuvé. Le seul auteur par lequel nous en sachions quelque chose est Roger Bacon, qui écrivait en 1266 ou 1267 au pape Clément IV : « Il y a environ quarante ans qu'un grand nombre de théologiens et de libraires, gens illettrés et mariés, sans souci et sans science de la vérité du texte sacré, mirent au jour des exemplaires vicieux que des copistes sans nombre se mirent à corrompre encore par leurs changements [1]. » C'est ce texte que Roger Bacon appelle *exemplar vulgatum, hoc est parisiense* (page 420), et nous verrons en effet que l'édition de l'université représente, au milieu du treizième siècle, le texte courant et généralement adopté. Mais jusqu'à l'heure présente il n'a pas été écrit un mot sur la *correction* de l'université qui permette d'en déterminer le caractère. En effet, le *correctorium parisiense*, dont nous avons plusieurs manuscrits, paraît bien n'être pas autre chose que l'œuvre des dominicains, et je ne sais pas un seul *correctoire* dans lequel on puisse reconnaître l'œuvre de l'université. Nous sommes donc livrés à nous-mêmes pour la recherche de ce texte important. Il est vrai qu'à Paris de semblables enquêtes sont faciles. Que cherchons-nous en effet ? la Bible en usage dans l'université vers l'an 1250. Il y a grande chance pour que nous la retrouvions dans les Bibles de la Sorbonne, dont plusieurs remontent à peu près à ce temps. Or il se trouve que plusieurs de ces Bibles, et des plus anciennes, reproduisent un

---

[1] Hody, pag. 421 : *Nam circa 40 annos sunt multi Theologi infiniti et stationarii Parisiis..., qui cum illitterati fuerint et uxorati, non curantes, non scientes cogitare de veritate textus sacri, proposuerunt exemplaria vitiosa, et scriptores infiniti addiderunt ad corruptionem multas mutationes.*

texte constant et établi avec beaucoup de soin. J'en prendrai pour type les manuscrits *latins* 15 467 et 15 185 ; le premier est un beau manuscrit de format moyen, qui se termine par cette note : *Finis. Finis. Finis. Anno Domini* M° CC° LX° *decimo* (1270) *complete scriptus est liber iste.* Le manuscrit 15 185, qui est décoré dans le style parisien du milieu du treizième siècle, porte sur la première garde ces mots : *Iste liber est magistrorum de Sorbona studencium in theologia, ex legato majistri Stephani de Gebennis, ut creditur, precii XXXII librarum. Inter Biblia 2.* L'une et l'autre Bible, nous l'avons dit, présentent, sauf des variantes insignifiantes, un seul et même texte ; toutes deux sont corrigées avec soin. Mais il y a plus. Les miniatures de ces deux manuscrits sont, le plus souvent, copiées presque trait pour trait de l'un sur l'autre, et l'on peut affirmer que le texte et les peintures de ces deux Bibles de Sorbonne représentent l'édition ordinaire de l'université, l'*exemplar vulgatum, hoc est parisiense.*

Il nous reste à faire un pas de plus et à comparer nos deux Bibles de Sorbonne avec la Bible des Jacobins. Les miniatures de cette dernière sont presque identiques à celles des deux autres et semblent sorties du même atelier, mais la décoration est quelque peu plus ancienne que celle du manuscrit de 1270. Le texte, tel qu'on le retrouve facilement sous les corrections des dominicains, est à peu près exactement le même, tant pour la division des chapitres que pour le détail du texte. En un mot, nous pouvons affirmer que l'exemplaire sur lequel a travaillé Hugues de Saint-Cher était un manuscrit de la correction de l'université.

Cette remarque nous amène à en faire une autre. On sait que la tradition attribue à Hugues de Saint-Cher la création de nos chapitres. Il semble difficile de lui en conserver la paternité, car le correcteur dominicain n'a fait aucun changement, pas le moindre, à la division des chapitres de la Bible de l'université, et celle-ci est presque absolument identique à la capitulation actuelle de la Vulgate et à celle de toutes nos Bibles modernes. Il est vrai qu'Hugues de Saint-Cher, pour établir sa *Concordance,* a, dit-on, partagé les chapitres en sections, par des lettres marginales dont nous retrouvons la trace dans les *correctoires parisiens*. Mais à moins que sa Concordance ne soit antérieure à la correction de l'université, ce qui est difficile à admettre, il faut attribuer à l'université l'honneur de notre division de la Bible. Avant le règne de saint Louis, en effet, l'édition *vulgate* était la Bible d'Alcuin. L'illustre évêque d'Orléans, Théodulfe, avait bien, peu après l'époque de Charlemagne, établi une édition qui, par sa division même, se rapprochait de la Bible hébraïque ; mais le retour à l'hébreu n'a jamais été populaire au moyen âge. Restituer le texte authentique de saint Jérôme, telle a été la pensée de presque tous les correcteurs. Nous ne nous arrêterons pas à dire que cette règle de critique a été bien peu fidèlement suivie, et que jamais on n'a osé faire rentrer dans la Vulgate le psautier authentique de saint Jérôme, que l'influence de la liturgie en avait fait sortir. A cet égard, on aimerait à penser qu'Hugues de Saint-Cher n'avait retiré le psautier de sa Bible que pour le corriger plus radicalement ; mais nous avons vu que cette hypothèse n'est rien moins que probable.

Les chapitres de la Bible d'Alcuin étaient extrêmement inégaux et marqués souvent presque au hasard. La Genèse en avait 82, dont 6 pour notre 1er chapitre, l'Exode 138, le Lévitique 89, les Nombres 74, le Deutéronome 155, Josué 33, les Juges 18, Ruth 18, les quatre livres des Rois 25, 18, 18 et 17. Les chapitres des prophètes n'étaient pas numérotés ; les deux livres des Machabées avaient 62 et 55 chapitres, l'évangile de saint Matthieu en comptait 81, saint Marc 46, saint Luc 73 et l'évangile de saint Jean 35, les Actes 74, l'épître aux Romains 51, l'Apocalypse 25, etc. Telle est du moins la division de la première Bible de Charles le Chauve. Mais cette capitulation n'était pas, au commencement du treizième siècle, la seule en usage à Paris. Nous possédons, dans le numéro 11534 du fonds latin, un superbe manuscrit du douzième siècle, qui provient de Saint-Germain et qui était déjà au moyen âge dans cette maison. Cette belle Bible, dont le texte est celui d'Alcuin, n'est pas divisée exactement comme l'édition ordinaire. La Genèse a 60 paragraphes, l'Exode 147, le premier livre de

muel (ou des Rois) 48, les Evangiles ne sont pas divisés en
apitres, l'épître aux Romains en compte 17 et l'Apocalypse
, etc.

On voit donc qu'avant la révision de l'université la discorde
ait dans le camp alcuinien. La division de toute la Bible en
apitres à peu près égaux, telle qu'elle a été introduite par
niversité, était un besoin du temps et a rendu des services.
nant au détail du texte adopté par l'université, je n'en
rai qu'une chose, c'est que ce n'est, au fond, que le texte
Alcuin assez peu modifié, et que l'on comprend que les
eilleurs critiques du treizième siècle ne s'en soient pas
olarés satisfaits. Les changements apporté au texte al-
inien par la correction de l'université, nous paraissent de
peu de chose, qu'on ne peut pas reconnaître d'après quels
incipes les correcteurs ont travaillé. Il n'y a pas à penser
'ils aient consulté, ni de très anciens manuscrits, ni les ori-
aux.

J'ai dit que nous ne connaissons pas d'exemplaire d'un
rrectorium qui contienne les leçons préférées par l'univer-
té. La chose est naturelle et s'explique facilement. Ce n'est
s ici une *correction* d'un texte officiel, mais le texte offi-
el lui-même, l'*exemplar vulgatum*, le texte même que les *cor-
cteurs* ont ensuite prétendu corriger.

La Bible de l'université était certainement entre les mains
s traducteurs qui, au milieu du treizième siècle, ont pour la
remière fois traduit la Bible entière en français. En général,
elle qu'ait été la supériorité de révisions telles que celle
s dominicains, on ne peut guère douter que la Bible de
niversité, qui avait aussitôt détrôné la Bible d'Alcuin, n'ait
s rapidement et très fermement établi son autorité en France
'ait été, à partir du milieu du treizième siècle, une véri-
ble *Vulgate*.

IV. La Bible de Sens.

Hugues de Saint-Cher ne s'est pas contenté de ses seules
mières pour corriger la Bible de l'université ; il avait devant
s yeux le premier travail des religieux de son ordre. Cet

essai de critique n'est pas inconnu de nous. Le manuscrit n'en est pas entre nos mains, mais nous en avons quelque notion.

Dans le manuscrit d'Hugues de Saint-Cher, on rencontre quelquefois l'indication d'une révision antérieure, que le correcteur ne parait pas tenir en grande estime. Au vers. 5 du chap. X d'Esaïe, on lit : *secundum correctiones hic debet incipere capitulum...*, mais on a gratté le numéro XI qui avait d'abord été marqué à cet endroit. Aux ff⁰ˢ 181 et 187 du IIIᵉ volume, on trouve le nom du correcteur : *In correctionibus fratris Theob. habetur sic... (ad Ez. 32). Et dicit frater Theob. quod neutrum debet ibi esse.* Dans le premier passage, la correction du frère Thibaut est rétablie en marge, d'une autre encre, mais peut-être de la même écriture, et au deuxième la correction indiquée n'est pas faite dans le texte. La leçon recommandée par l'ancien correcteur n'est pas suivie non plus au f⁰ 218v⁰, où on lit : *alia littera et verior secundum fratrem Theobaudum.* Qui est ce frère Thibaut? Un dominicain, sans doute, et dès lors on peut être tenté de reconnaître en lui l'un des auteurs de cette correction de 1236 qui fut rejetée par l'ordre malgré les douze ans de làbeur qu'elle avait coûté à ses auteurs.

Mais ici une question se pose à nous : le texte qu'Hugues de Saint-Cher a pris pour point de départ de sa correction, ne serait-il pas celui que les dominicains avaient corrigé une première fois? Nous répondrons sans tarder : nullement. En effet, nous l'avons déjà vu, l'exemplaire original ne contenait pas les corrections du frère Thibaut, et si l'œuvre de ce moine est le premier travail des dominicains, il faut reconnaître que les nouveaux correcteurs en ont fait fort peu de cas.

Au reste, il s'est conservé, dans le couvent des jacobins, une tradition sur la provenance de la grande Bible d'Hugues de Saint-Cher, et nous n'avons pas de raison de la mettre en doute : « Ayant demandé, dit R. Simon, à un des plus habiles religieux de ce couvent, d'où leur venait cette belle Bible latine, qui méritait d'être imprimée entière comme elle est, il me fit réponse qu'il avait toujours entendu dire que c'était un don que saint Louis avait fait à leur maison. »

Cette tradition est assez vraisemblable. La Bible originale sur laquelle Hugues de Saint-Cher a basé sa révision, a bien certainement été copiée à Paris, au milieu du règne de saint Louis, et nous avons prouvé que le texte qu'elle contient est celui-là même qui avait été corrigé vers 1226 par l'université.

Revenons à la première correction des dominicains. Nous avons vu qu'en 1256 le chapitre général de l'ordre avait interdit l'usage des « corrections de la Bible de Sens. » On a voulu reconnaître sous ce nom la Bible de l'université, approuvée, disait-on, par l'archevêque de Sens, dont le pouvoir métropolitain s'étendait jusqu'à Paris. Quoi qu'il faille penser de cette explication assez peu naturelle, nous pouvons dire avec assurance que la Bible de Sens était un tout autre texte. En effet, si nous n'en avons pas le manuscrit, nous en possédons du moins la collation. Le 2e correctoire de Sorbonne, cet ouvrage qui a été entre les mains de Robert Estienne et dont nous aurons tout à l'heure à louer l'exactitude et la méthode, donne avec un grand soin les variantes de trois Bibles qu'il appelle *Senonensis* et *Parisiensis utraque*. Il ne faut que quelques moments pour s'assurer que le texte qui est appelé *Parisiensis* ou *Parisius* confond, lorsqu'elles sont d'accord, les deux édilions de l'université et des jacobins, la *prior correctio* etant l'œuvre de l'université, la *secunda* celle des dominicains. Quant à la *correctio senonensis*, elle n'a rien de commun avec le texte de l'université ; au contraire, il ne serait pas impossible que certaines de ses leçons se retrouvassent dans la correction d'Hugues de Saint-Cher. Si maintenant nous nous souvenons que Roger Bacon nous dit formellement que la première correction des dominicains a été rejetée par leur ordre, et si nous trouvons, dans les actes du chapitre général de 1256, une Bible condamnée sous ce même nom de *Senonensis*, nous conclurons nécessairement que la première correction des dominicains a dû être faite entre les années 1236 et 1248 environ, dans le couvent des frères prêcheurs de Sens. Peut-être le principal auteur de cette correction était-il le frère Thibaut,

V. Le Correctorium Sorbonicum.

Les deux correctoires qui doivent nous occuper encore sont des ouvrages de véritable science, exécutés tous les deux avec une méthode remarquable, mais d'après des principes très différents, quoique peut-être dans le même milieu et vers le même temps. Je parlerai d'abord, quoiqu'il soit sans doute le dernier en date, du *correctorium Sorbonicum*.

Ce nom a été donné à un correctoire anonyme par Robert Estienne qui l'avait eu entre les mains, paraît-il, dès 1528 et qui n'a pas dédaigné d'en tirer usage pour sa grande édition de 1540. Richard Simon l'a décrit dans son *Histoire des versions du Nouveau Testament*, et il y attache la plus grande importance. De telles autorités doivent suffire à nous engager à examiner avec attention le manuscrit de la Sorbonne. Il se retrouve à la Bibliothèque nationale, sous le numéro 15554 du fonds latin.

C'est un volume d'un format moyen, écrit en longues lignes, d'une écriture qui paraît de la fin du treizième siècle. Au reste le manuscrit ne peut être postérieur, car il porte à la fin cette marque : *Iste liber est pauperum magistrorum de Sorbona ex legato magistri Petri de Lemovicis, quondam socii domus hujus, in quo continetur correctorium Biblie secundum hebreos grecos et latinos... Pretii C solidorum. Cathenabitur. 27[s] inter postillas mixtas.* Pierre de Limoges, ce généreux bienfaiteur de la bibliothèque de la Sorbonne, avait été, en 1267, doyen de la faculté de médecine; il mourut en 1304. Le volume comprend, écrits à la suite et en grande partie de la même main, deux ouvrages différents; le premier est, comme nous l'avons déjà montré, un fort bon exemplaire du correctoire des dominicains; le suivant est le manuel qui nous occupe; à la fin on trouve trois petits correctoires, du reste incomplets, dont les deux premiers suivent l'ordre des livres et le dernier l'ordre de l'alphabet; le second et le troisième concernent les noms grecs et hébreux de la Bible. Ces trois petits traités semblent être du même auteur que le grand ouvrage dont nous allons parler.

C'est un correctoire de la Bible conçu en apparence sur le même plan que ceux des dominicains, mais qui s'en distingue par le caractère tout particulier que l'auteur a donné à son œuvre. Le correcteur, en effet, n'a consulté ni les grecs ni les hébreux ni même les manuscrits anciens. Il n'a certainement aucune connaissance des langues anciennes, et ses citations des Pères ne sont le plus souvent ni originales ni intelligemment choisies. Il cite beaucoup d'auteurs récents ou même contemporains; plusieurs sont des grammairiens, comme l'auteur du *Barbarisme*, comme Pierre Hélie et Hugution, d'autres des théologiens tels que Pierre Lombard, *Cantuariensis* (sans doute saint Anselme) et *Angelicus* (saint Thomas d'Aquin), des poètes comme Gauthier de Châtillon, ou des polygraphes comme Alexandre Neckam et Jean de Saint-Gilles. Ce moine a lu beaucoup, mais il a tiré assez peu de profit de ses lectures. Au reste, il importe peu; c'est un esprit exact, un bibliographe consciencieux, et ce que son œuvre a de remarquable, c'est son érudition de seconde main. Ce nouveau correcteur a basé sa révision de la Bible sur une collation assez exacte des trois éditions précédentes, la Bible de Sens et les deux corrections de Paris. Il était certainement fort au courant des travaux antérieurs et sans doute établi près de leur centre. Quant au texte nouveau qui est résulté de ses collations, il avait très probablement pour base le texte des jacobins; il formait une Bible qui était conservée sans doute dans le couvent où le correcteur écrivait, et qui paraissait y être officiellement admise, car elle est toujours désignée par les mots : *in libro nostro*.

L'étude des notes de notre correcteur ne donne pas une très haute idée de ses talents de critique; la division des versets paraît être un de ses principaux soucis, mais l'utilité d'un semblable manuel est évidente. Un travail de seconde main comme était celui-ci ne peut pas nous intéresser au point de vue de la critique du texte, mais de l'histoire du texte. C'est en effet une sorte d'*editio variorum*, un extrait de toutes les éditions antérieures, et l'historien qui voudrait procéder, comme nous le demandons, à une collation systématique des

Vulgates du moyen âge, devrait tenir un grand compte de ce manuscrit, pour le choix même des passages à collationner.

Quel est l'auteur de cet intéressant ouvrage ? Peut-être nous sera-t-il possible de le désigner par son nom. En effet, si brèves que soient ses notes, l'auteur a un style. Ses remarques ne se bornent pas à la critique, elles ont souvent trait à l'exégèse et contiennent quelquefois des applications mystiques dans le goût du temps. Surtout la prononciation et l'accentuation des mots sont, pour lui, l'objet d'une attention toute particulière, et l'on serait en droit de lui reprocher d'avoir mêlé à la critique du texte de la Bible des études qui y sont absolument étrangères. Cette érudition toute spéciale ne se rencontre guère en France, au treizième siècle, que chez un seul écrivain, Guillaume le Breton, et la manière d'écrire de ce franciscain est exactement celle de notre auteur.

Une étude plus attentive confirme cette première observation. Guillaume le Breton a laissé beaucoup de traités sur divers sujets [1] ; parmi eux on cite divers opuscules sur l'orthographe et la prononciation des mots hébreux et grecs de la Bible [2]. Notre manuscrit se termine par des traités analogues. Mais ses deux ouvrages principaux et qui ont joui, dès le treizième siècle, de la plus grande notoriété, sont le dictionnaire de la Bible (*Summa Britonis*) et l'*Exposition des prologues de saint Jérôme*. Or, dès le premier instant, on remarque que dans notre correctoire les prologues de saint Jérôme, quoique bien moins importants que le texte, sont traités avec beaucoup plus d'ampleur ; dès le chapitre II, nous trouvons le nom d'Eschine illustré par le même vers de l'*Alexandréide*. Voici quelques mots empruntés, dans les deux ouvrages, au commentaire du mot : *pro vili portione* (Prologue II) :

[1] S. Berger, *de glossariis et compendiis exegeticis quibusdam medii aevi*, Paris, 1879. C'est à tort que je lui ai attribué des commentaires sur Porphyre et Aristote, etc. Le savant M. Sieber veut bien me faire savoir que ces ouvrages, qui ne se trouvent qu'à la bibliothèque de Bâle, sont d'Hervé le Breton. Le *correctorium* que lui attribue Sbaraglia paraît être celui d'Hugues de Saint-Cher ; du moins il en a la préface.

[2] Bibliothèque de Lambeth, 116 ; Bibliothèque de Douai, 82. Ce dernier ouvrage est en vers.

Corrector. Sorbon.

... Vel *virili porcione,* id est debita porcione, et tractus est a legibus ubi virilis porcio dicitur cum hereditas filiis equaliter dividitur. Concordia :

> Gaudia Cesaree mentis pro parte virili
> Sunt mea, etc.

Expos. prologorum.

... Vel secundum aliam literam *pro virili portione,* id est pro debita parte. Secundum leges, virilis portio dicitur quando haereditas filiis aequaliter dividitur... Unde Ovidius :...

> Gaudia caesareae mentis pro parte virili
> Sunt mea, privati nil habet illa domus.

Il n'y a pas moins de ressemblances entre notre correctoire et la *Somme* de Guillaume le Breton. Dans le correctoire (fol. 241 verso), le mot *paedagogus* est dérivé de *parvos=pedos* et *gogus=ductio.* Ce double barbarisme, inconnu aux étymologistes antérieurs, se retrouve dans la *Summa Britonis :* « *Et dicitur a* pedos *quod est puer et* gogos *quod est ductio.* » Voici l'explication du mot *bithalassum* (Act. XXVII, 41) dans le correctoire et dans la *Somme* du Breton :

Correct. Sorb.

Thalasson interpretatur mare vel profundum, et componitur *bitalassum a bis* et *thalassum* quod est mare, quasi (?) duplex mare, ubi scilicet duo brachia maris concurrunt. Secundum glosam, est litus protentum mari se dividente circumdatum.

Summa Britonis.

Et dicitur a *bis* et *talassum* quod est mare. In glosa Act. XXVII sic exponitur : Greci *talassa* vocant mare, *bitalassum* vero significatur littus protentum eodem mari dividente se circumdatum.

J'ai dit que le style des deux auteurs est exactement le même. Cette ressemblance se retrouve jusque dans l'emploi accidentel de quelques mots français. C'est ainsi que nous lisons dans le

correctoire (fol. 147 verso) : « *filtrium, gallice* feutre, » de la
même manière que l'auteur de la *Somme* écrit : « *sarcina,
gallice* fardel. »

Rien n'est plus dangereux, dans une littérature où les plus
serviles emprunts sont le pain quotidien des écrivains, que
de conclure des rapprochements même les plus frappants à
l'identité de l'auteur. Mais il nous semble ici que toutes les
preuves concourent à établir que notre correctoire est l'œuvre
de Guillaume le Breton. Deux difficultés seulement pourraient
nous arrêter. D'abord le correctoire cite, une fois seulement
(*ad Jer.* 43, 12), un auteur qu'il appelle *Britho* (*Bricho* dans le
manuscrit); mais rien n'est plus naturel que de trouver ce
nom dans un ouvrage anonyme et peut-être plus ou moins
collectif. Puis le correctoire n'est pas antérieur à 1274, puisque
saint Thomas d'Aquin, mort en cette année, y est appelé *Angelicus*[1]; or Guillaume le Breton a été rencontré à Lyon et à
Vienne, vers 1248, par Salimbene, mais il était jeune alors et
le chroniqueur italien nous dit qu' « il n'avait pas encore fait
son livre, » c'est-à-dire la *Somme*; le *correctoire*, au contraire,
est certainement postérieur aux deux grands ouvrages de
Guillaume le Breton.

Si notre ouvrage anonyme se trouve ainsi attribué à Guillaume le Breton, l'exégète le plus en vue que l'ordre des franciscain ait eu au treizième siècle, il sera permis de supposer que
la direction de l'ordre n'a pas été étrangère à son entreprise,
et que le correctoire de la Sorbonne n'est peut-être pas sans
quelque relation avec la correction des franciscains dont nous
parle Roger Bacon.

VI. L'anonyme de Roger Bacon.

Si le correctoire de la Sorbonne est l'œuvre d'un érudit,
celui du Vatican a pour auteur un véritable savant; le premier
est d'un bibliographe, le second, d'un critique. Celui qui l'a
composé possédait l'hébreu et le grec, il connaissait le prix

---

[1] Il serait encore possible que le copiste eût écrit *Angelicus* pour *Ange-
lentus*; les deux noms s'abrègent parfois de même.

des manuscrits et savait en faire usage. C'est donc à raison que le cardinal Caraffa, préfet de la congrégation pour la correction de la Vulgate, s'était fait remettre l'œuvre de son savant précurseur. On prétend même que certaines erreurs de notre Vulgate proviennent de la créance excessive qu'on a donnée à ce manuscrit dans ses méprises mêmes. Vercellone a eu entre les mains ce remarquable ouvrage dans le manuscrit 3466 du Vatican, qui date du treizième siècle, et il en a publié de nombreux extraits [1]. Pour nous, qui ne pouvons en parler que sur le témoignage de l'auteur italien, nous en dirons peu de chose. Il appartient pourtant à notre étude, car nous savons que son auteur a travaillé sur les bancs de la bibliothèque Sainte-Geneviève. Cet inconnu est tellement en avance sur la science de son temps, qu'on a pu, avec quelque apparence, lui attribuer le nom de l'homme le plus savant de son siècle, de Roger Bacon. Quoi qu'il en soit, c'est fort justement que le P. Vercellone a loué l'*incredibile erudizione* et le *retto giudizio* qui paraissent dans ses courtes notes. Le critique a pour unique objet de restaurer l'œuvre de saint Jérôme et il s'applique à en écarter toutes les traces de l'*Itala*, qu'il appelle *graecus* ou *LXX in latino*. Il consulte les originaux toutes les fois qu'il y a doute sur le texte latin ; entre les textes hébreux et grecs, il distingue les manuscrits français et espagnols (*antiquos hebraeos gallicanos, hispanicum exemplar*), il cite les rabbins et il lisait saint Matthieu en hébreu. Ce que les notes de l'anonyme ont peut-être de plus remarquable, c'est l'importance attachée aux vieux manuscrits latins. Il les divise en trois classes. Hugues de Saint-Cher avait fort bien établi la distinction des *antiqui* et des *moderni ;* pour notre critique, les *antiqui* sont la *Biblia Caroli Magni* et les *antiquissimi* les *exemplaria ante tempora Caroli scripta*, parmi lesquels il cite la *Biblia Gregorii Magni* et la *Biblia S. Genovefae* (Pour toutes les citations, je renvoie à la dissertation de Vercellone). Chacun voit qu'en présence de la rareté des anciens manuscrits, soit latins, soit surtout hébreux, de semblables collations, prati-

---

[1] D'autres manuscrits, paraît-il, sont à Venise, à Vienne, à Turin et à Rome.

quées avec critique et méthode au treizième siècle, ne sont pas
sans une véritable importance.

R. Simon, toujours sceptique sur les connaissances des auteurs du moyen âge, dit, en parlant en général des *correctoires*
de ce temps (*Histoire des versions*, pag. 121) : « Ce n'est pas que
ceux qui ont fait ces recueils fussent sçavans dans les langues
grecque et hébraïque, mais ils avoient lu les anciens écrivains
ecclésiastiques, surtout saint Jérôme pour l'hébreu et les Pères
grecs qui avoient la plus part été traduits en latin. » En présence des indications assez précises que donne l'auteur sur la
provenance de ses manuscrits, et de l'aisance avec laquelle il
disserte sur la philologie hébraïque, on hésitera à lui appliquer
un semblable jugement. Le curieux passage que nous allons
citer montrera que notre correcteur n'était pas ignorant de
l'hébreu ; c'est l'explication du nom de lieu *Pi-Hahiroth*
(Ex. XIV, 9) : « *Sunt duo vel tria nomina* : Phi *idem est quod
os* ; hiroth *est ille locus* ; ha *articulus, qui gallice dicitur* le :
unde modo ponitur Phiairoth, *modo tantum* Airoth, *quod dicitur* le Hiroth, *sicut dicimus* le Rone *et* Bouche le Rone. » En
cet endroit, le correcteur trahit sa nationalité française ; il en
donne du reste de nombreuses preuves, qu'on trouvera réunies
dans la dissertation de Vercellone. Je citerai seulement encore
la note qui se lit à propos du chap. XXIII, vers. 8 du Deutéronome : « *sciendum quod hic ponitur articulus sicut est* le *vel*
al *in gallico, quod non solum dativo sed etiam genitivo inservit,
sicut diceremus* la chape le mestre *sive* al mestre. » L'auteur
était donc français ; nous avons vu qu'il avait travaillé à Paris,
puisque l'une de ses autorités est une Bible de Sainte-Geneviève. Mais quel peut être son nom ? Un autre correctoire
qui est au Vatican (N° 4240) et qui paraît dérivé de la même
source que celui qui nous occupe, porte en tête du Nouveau
Testament les mots : *Incipiunt correctiones fratris Gerardi de
Hoio.* Gérard de Huy était un chanoine de Corssendonk qui,
d'après l'*Histoire littéraire des Pays-Bas* [1], vivait au XVe siècle.
Cette date est sans doute fausse, puisque le manuscrit paraît

---

[1] 1766, VII, 82 ; 2e édit. II, 22, cité dans le *Répertoire* d'Ulysse Che-
valier.

du XIVᵉ siècle, mais Gérard ne peut être l'auteur de notre correctoire, qui est l'œuvre d'un français. Roger Bacon nous don-
nera, ici encore, le peu de lumière que nous pouvons avoir sur
ce sujet. Hody a publié une troisième lettre de lui à Clément IV ;
elle est postérieure aux deux autres : « Je crie à Dieu et à vous,
dit Bacon, au sujet de la corruption de la Bible, car seul vous
y pouvez apporter le remède, avec l'aide de Dieu et par le
conseil de ce très savant homme dont j'ai parlé plus haut et
d'autres encore, mais de lui surtout... Il faut en effet savoir
assez bien le grec et l'hébreu, et bien connaître la grammaire
selon les règles de Priscien, avoir bien considéré les principes
de la correction et la manière de donner les preuves des corrections, afin de corriger sagement la Bible, ce que n'a jamais
fait aucun homme, sinon le savant dont j'ai parlé. Quoi d'éton-
nant, puisqu'il a consacré près de quarante ans à la correction du
texte et à l'exposition du sens littéral ? Tous les autres ne sont en
regard de lui que des ignorants et ne comptent pas dans cette
science [1]. » Qui nous dira le nom de ce savant inconnu ? Vercellone a émis timidement l'hypothèse que ce pourrait être
Bacon lui-même. Il est certain que les principes de critique
du célèbre franciscain sont bien ceux de l'auteur anonyme, mais
cette ressemblance est trop lointaine pour qu'il soit permis de
rien baser de certain sur elle. Bacon était de tous les pays et il
avait étudié aux Cordeliers de Paris ; néanmoins son nom con-
vient assez peu à un auteur qui écrivait sans doute en France
et dont la seule langue était le français. Du reste, bien qu'il
connût fort bien le grec et l'hébreu, on ne peut pas dire qu'il
ait passé quarante ans à corriger le texte de la Bible et à en
exposer le sens littéral. Mais ce n'est que quand nous aurons
vu le manuscrit que nous pourrons parler avec quelque assurance de son auteur.

Tant de travaux ont-ils réellement contribué à améliorer le
texte de la Bible et à y apporter quelque uniformité ? Roger

---

[1] *De laude S. Scripturae*, cap. 31 (Hody, pag. 429 et suiv.) ... *Quod nullus
unquam fecit, nisi ille sapiens quem dixi. Nec mirum, cum ipse posuerit fere
XL annos in literae correctione, et sensu literali exponendo. Omnes enim
sunt ydiotae respectu illius, et nihil sunt in hac parte.*

Bacon le niait : « Autant de professeurs, disait-il, autant de correcteurs ou plutôt de corrupteurs... et la diversité du texte n'a plus de fin. » Le grand savant regrettait « qu'il n'y eût pas un chef pour une pareille entreprise »; il aurait voulu que le pape fût ce chef. Nous ne savons ce qui aurait été si Clément IV avait vécu, et s'il avait suivi le conseil de ce précurseur de la Renaissance, et pour ce qui a été, l'étude d'un grand nombre de manuscrits pourrait seule nous en instruire, et cette étude est encore à faire. Il est du moins certain que le règne de saint Louis a rendu la Bible plus abordable et l'a fait mieux connaître et, sans doute, mieux aimer.

SAMUEL BERGER.

P. S. Nous recevons au dernier moment une heureuse nouvelle. L'Université d'Oxford a entrepris une édition critique du Nouveau-Testament de saint Jérôme. La préparation en est confiée au Rév. J. Wordsworth, en qui on peut avoir toute confiance pour le caractère scientifique de l'édition. L'annonce détaillée de ce beau travail, datée du 2 novembre 1882, vient de paraître sous ce titre : *The Oxford critical edition of the Vulgate New-Testament.* Il ne peut se faire que l'excellente édition qui se prépare ne donne une nouvelle impulsion parmi nous à l'étude de la Vulgate.